# M. DE LA ROCHEJAQUELEIN

## PRÉSIDENT DE LA RÉPUBLIQUE

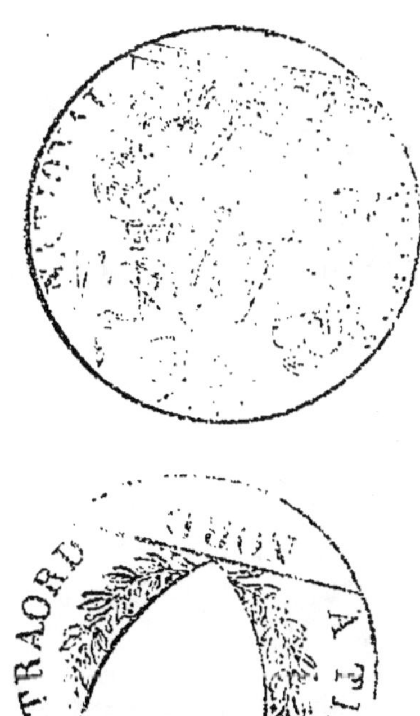

# M. DE LA ROCHEJAQUELEIN

## Président de la République

La candidature nationale

La candidature Joinville

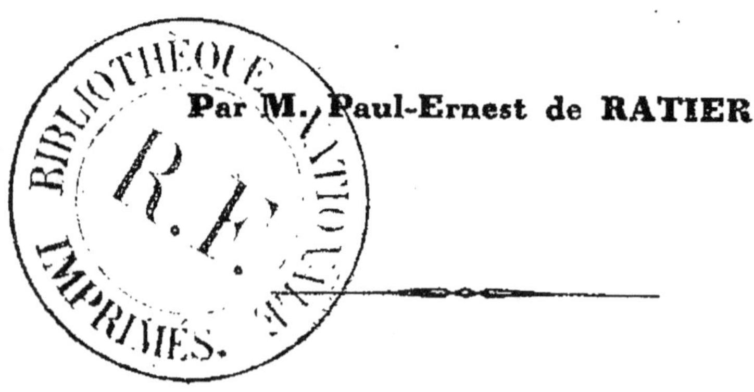

### Par M. Paul-Ernest de RATIER

## PARIS

DENTU | GARNIER FRÈRES

PALAIS-NATIONAL

1851

I

# La candidature nationale

Pourquoi donc le franc-parler s'est-il perdu en France?

Ne sommes-nous donc plus les fils de cette race franke qui mêla à toutes les nobles qualités de la race gallo-romaine des qualités plus précieuses encore : la loyauté, la droiture chevaleresque d'actes et de paroles, la généreuse audace du front découvert et de la visière levée, l'HONNEUR?

Et toutes ces qualités élevées à leur dernière puissance ?

Aujourd'hui, presque personne, personne même n'a le courage complet de son opinion.

La vérité ne trouve pas un seul confesseur qui ose l'avouer et la proclamer tout entière.

Une pudeur étrange semble s'être emparée de ses plus fervents adorateurs. et ils ne peuvent la regarder, et ils ne peuvent l'offrir au regard sans jeter sur sa nudité un ignominieux manteau.

Quel est le légitimiste qui ose con-

fesser complètement la VÉRITÉ légitimiste?

Aucun.

Quel est l'orléaniste qui ose avouer
complètement son symbole orléaniste?
Aucun.

Quel est le bonapartiste qui ne craint
pas de déployer sans un seul pli, sans
un seul froncement équivoque le dra-
peau impérial?

Aucun.

Quel est le républicain qui adopte
envers et contre tous la croyance démocratique que lui ont léguée ses pères,
les ardents niveleurs de l'an II de la
Première?

Aucun.

Quel est le socialiste qui accepte toutes

les conséquences de son systéme dé-
molisseur?

Aucun, aucun !

Tous ont peur : les uns de la vérité,
avec laquelle ils ne veulent pas trop
s'engager ; les autres de la croyance,
du fétiche qu'ils se sont fait et dont ils
se prennent parfois à douter avec an-
goisse.

Croient-ils donc servir leur cause en
agissant ainsi?

Ils la perdent; car le peuple, qui est au
parterre et qui voit bien les coulisses
mal cachées, et qui saisit bien l'artifice
des *ficelles* mal combinées, se demande
avec une amère ironie ce qu'il y a donc
derrière cette toile.

Croit-on me prendre au piége, penset-il, avec ces demi-vérités et ces demi-mensonges?

Petits moyens, petites industries !

Tout ou rien.

Tout gagner ou tout perdre.

La vérité complète ou l'erreur complète.

Le bien complet ou le mal complet.

Plus de masques.

Des visages beaux ou hideux; mais qu'on les voie.

Voilà ce qu'il faut à cette heure.

A cette heure triste et solennelle où se joue sous la placide écorce d'un apparent sommeil l'avenir du monde.

L'avenir du monde, qu'on y pense bien.

A cette heure où les notions les plus

simples sont obscurcies dans l'esprit des sages de la terre, parce qu'avec leurs subtilités d'écoliers ils se sont évanouis dans leurs pensées.

A cette heure où ces notions saines et primitives que Dieu a placées dans notre intelligence, comme un flambeau pour la guider, se retrouvent cependant dans l'esprit des petits et des pauvres, parce que ceux-ci ont le cœur pur, et que la misère seule les rend faciles et attaquables aux novateurs.

Il y a donc moyen sur ces masses de faire luire la lumière de la vérité.

# II

2.

Qu'est-ce que c'est que la vérité ac-
tuelle des légitimistes? Un compromis.

Une transaction pas du tout loyale,
pas du tout courageuse avec les doctrines de leurs adversaires.

Ils font les démocrates, et ils ne le
sont pas; ils font les élyséens, et ils ne le
sont pas, sauf les ambitieux dont nous
parlerons tout à l'heure.

Ils font les orléanistes, et ils ne le
sont pas, sauf les mêmes ambitieux

dont nous parlerons tout à l'heure encore.

Ils tâchent de faire accepter leur théorie en y mêlant à fortes proportions ce qui leur répugne, ce qui les tuerait, ce qui est l'antipode de leur principe, sa mort.

Ils voudraient faire tenir deux contradictoires sur la même pointe d'aiguille ! Pauvres Archimèdes !

Inhabiles charlatans, qui neutralisent la vertu de leur pillule, par la quantité de miel qu'ils y ajoutent.

III

2.

Pourtant le parti légitimiste seul a la vérité.

Seul, son principe sauvera la France.

Seul, il peut la sauver.

Toute autre doctrine la conduira à l'abîme tôt ou tard, si ce principe tutélaire et sacré ne vient se mettre en travers, comme une barrière de salut.

Orléanisme, bonapartisme, socialisme, erreur et ruine, satisfaction passagère de quelques orgueils et de quelques avidités.

IV

Si nous avons la vérité, nous légitimistes, il ne faut pas la tenir sous le
boisseau ; si nous avons le salut dans la
main, il ne faut pas l'y retenir, mais
l'en laisser tomber sans retard.

Si nous l'avons, cette vérité, il faut
encore nous-mêmes l'accepter complète,
avec toutes ses conséquences logiques,
même celles qui ne flattent pas certains
instincts, même celles qui ne flattent
pas des besoins de paresse et de domina-

tion que vous savez, même celles qui blessent certain orgueil révolutionnaire très commun chez les légitimistes.

Orgueil qui les porterait à se faire de leur roi un fétiche et un moyen.

Un marche-pied et un esclave couronné.

Un roi fainéant, asservi à toutes sortes de lâchetés et de pardons demandés à genoux; un roi fainéant, asservi à la coterie de telle ou telle feuille, de tel ou tel salon, de tel ou tel bureau d'esprit.

Un roi fainéant, écroué aux Tuileries, affublé de deux épaulettes de lieutenant général et emmaillotté d'un grand cordon rouge.

Un roi qui ne pourrait jamais serrer

de sa main blanche la main calleuse de son bon peuple, et le mener comme un père et un ami aux victoires pacifiques de l'industrie, comme aux victoires glorieuses du champ de bataille.

Et, d'un autre côté, un roi soumis à tous les caprices d'une populace enfantine, débiteur insolvable des masses, esclave pleureur et craintif de tous les maillotins, de tous les cabochiens, de tous les assommeurs qui le tiendraient enfermé dans son donjon royal.

Un roi toujours obligé de porter chapeau bas devant un peuple pour lequel il est fait, mais qui ne l'a pas fait ce qu'il est, et qu'il doit gouverner solidement, avec une main douce pour les bons, de fer pour les insoumis.

3.

Arrière ! Nous ne voulons pas plus de l'un que de l'autre.

Nous voulons un Roi dans toute la force du terme, un Roi tel qu'il doit être.

Pas plus de maires du palais et de coteries féodales ou académiques, que de populace au pouvoir.

V

Lisez les journaux de toutes les opinions, lisez surtout les journaux légitimistes; y en a-t-il un seul où nos convictions se trouvent dégagées de tout
nuage, de toute concession de doctrine,
de tout biais de parole?

On dira, je le sais bien, qu'il faut
faire de la conciliation; qu'il ne faut rien
brusquer; qu'il faut condescendre, et

que vouloir tout garder, c'est vouloir
tout perdre.

Conciliation, oui, pour les personnes,
aussi large que possible, aussi large
que possible, je le répète, et c'est avec
effusion.

Mais sur le terrain des principes,
des convictions, jamais! c'est impos-
sible!

Lâchez une parcelle, vous lâchez
tout.

Ah! ce à quoi il faudrait condescendre, c'est ce que vous ne voulez pas,
vous; ce à quoi il faudrait condescendre,
ce serait à une réhabilitation des popu-
lations souffrantes, à un soulagement
mille fois plus large de ceux qui pleurent,
non pas par des moyens socialistes,

mais par la libre effusion des secours, du travail et du bien-être.

Ceci, nous en reparlerons tout à l'heure.

Seulement, nous dirons ici que nous ne voyons pas ce qu'il y a de chrétien à venir nous dire qu'il est de nécessité qu'il y ait des hommes mourant de faim à côté de ceux qui nagent dans le luxe.

Le Sauveur a dit seulement : « Il y aura toujours des pauvres parmi vous.»

Il n'a pas consacré du tout la misère affreuse de certaines portions de la société et la justification égoïste que certains hommes voudraient faire de leur manque de cœur.

Ah! oui, il faut arrêter, énergiquement arrêter toute expansion insensée de la révolte et du sophisme armé, défendre au prix de nos vies notre sacré trésor de religion, de propriété, de famille ; mais il ne faut pas lui donner des armes à cette erreur, il ne faut même pas lui donner d'illusoires prétextes.

# VI

Puisque personne n'a osé dire la vérité jusqu'ici, il faut enfin la dire et la crier sur les toits.

Il faut la proclamer bien haut.

Car il se fait tard.

Ce qu'il y aurait de mieux à faire en 1852, ce serait le rétablissement pur et simple de la royauté légitime avec toutes ses conséquences.

Mais, si malheureusement les circonstances et la triste puissance du sophisme sur les hommes ne permettent pas de le faire encore, il faut employer la solution provisoire, la meilleure après celle-là, et celle qui nous conduirait directement et définitivement à la première.

Quand on ne peut user du remède radical, on emploie un médicament préparatoire le plus rapproché de l'autre par sa nature.

Or, si la République existe en 1852, si elle est prorogée, il faut nommer un président.

Plusieurs candidatures sont sur le tapis.

Aucun de ces candidats, à notre sens, ne peut convenir à la France.

Il faut nommer tout simplement M. de la Rochejaquelein.

Dans cette proposition, nul ne peut être aussi désintéressé que nous; nous ne le connaissons pas, nous ne l'avons jamais vu, nous ne savons même pas s'il a jamais lu notre nom au bas d'une colonne d'un journal.

Ce nom-là est, et doit être seul, la candidature nationale.

C'est le seul qui offre à la France toute garantie.

La monarchie légitime étant le premier besoin de la nation,

Ce nom là est l'expression la plus vraie et la plus exacte de la monarchie légitime.

Sa présidence nous mènerait droit à la monarchie légitime.

C'est le nom qui rappelle les plus

glorieux souvenirs de l'ancienne monarchie comme le plus tendre amour du peuple.

Ce nom-là, déjà illustre quand la Révolution arriva, le devint bien davantage dans cette héroïque lutte de paysans et de gentilshommes frères ; alors il effaça en prestige les glorieux noms des Montmorency, des Rohan et des Larochefoucauld, qui s'étaient affadis dans les antichambres ou les laiteries de Trianon (1).

Par ce nom-là sont représentées éga-

(1) Particiellement ; car, pour être juste, il faut avouer l'énergique illustration qu'ont ajoutée de nos jours à leur nom, des Montmorency et des Larochefoucauld.

lement les splendeurs et les forces de la monarchie, aussi bien que ce vrai socialisme dont la monarchie est l'expression, et qui étaie puissamment et conserve vigoureusement les choses respectables de la terre en améliorant d'une manière noble et fructueuse le sort des classes déshéritées.

Ses pères ont vécu avec le peuple et pour le peuple, non pas cette populace aux bas instincts qui fait les échafauds et qui massacre à la Force, mais le vrai peuple, le peuple des campagnes, bon et simple, méprisé des novateurs, parce que son inappréciable bon sens ne comprend pas les utopies et que sa loyauté repousse les coupables tentatives.

Il est plus populaire, lui, que tous ces rèveurs qui, au milieu du luxe, du sein d'un joyeux divan d'homme de lettres, ou d'une riche étude d'avocassier, ont poussé le peuple aux barricades et à la mort.

La population des grands centres l'aime autant que la population de son Anjou et de sa Bretagne.

Ce nom-là, prononcé dans la capitale au milieu des émeutes et des frayeurs, apaise et sauve.

C'est qu'on a compris en cet homme, le parfait gentilhomme français avec toute la franchise, la générosité, la verdeur d'allures, sans aucune de toutes ces mesquines passions, de ces ridicules répugnances, de ces lâches *mezzo-ter-*

*mine*, signe distinctif de la presque to-
talité de nos hommes publics.

Qu'on le remarque encore, nous
sommes ici profondément désintéressé
en parlant d'un homme qui ne partage
même pas toutes nos opinions.

Lui seul il pourra gouverner la France
sans péril et sans *male heure*, comme on
disait au moyen âge.

Car il a hérité d'un sang généreux et
d'une main forte.

Ce ne sera plus un nom seul, ou une
épée engagée d'avance qui gouvernera ;
ce sera un homme sachant et pouvant
gouverner personnellement.

Un homme contre lequel aucune puissance légitime n'élèverait de défiance, ni
la religion, ni la famille, ni la propriété.

Ce qui est infiniment rare et précieux.

C'est un fils des croisés, aimant la foi de ses pères, mais largement, mais franchement; ce n'est certainement pas un sacristain.

Il est Vendéen, donc catholique du fond de ses entrailles.

Il est grand propriétaire foncier et porteur d'un magnifique nom aristocratique.

Il a pour famille une génération de héros, dont aucune race du monde ne peut offrir les têtes aussi rapprochées.

Dans cette race de héros, les femmes ont autant de cœur que les hommes, et leur mâle courage a souvent fait couler nos larmes d'admiration et d'enthousiasme.

Hommes et femmes, dans cette famille épique, ce sont tous des cœurs de lions.

A chaque quart de siècle, il succombe un martyr de ce nom pour la sainte cause de la Légitimité sur toutes les plages du monde.

Certes, quand on s'appelle la Rochejaquelein, on doit être plus fier que de régner sur tous les royaumes de la terre ensemble.

Mais à cette illustration de nom et de gloire, gloire populaire autant que belliqueuse, gloire charitable autant qu'héroïque et surnaturelle, il faut préférer cette merveilleuse aptitude du représentant actuel de cette race à répondre à nos besoins et à nos mœurs.

VII

Sans qualités personnelles remar-
quables, le porteur de ce nom essentiel-
lement monarchique serait seul propre
à nous conduire le plutôt possible
et le plus directement possible à la
monarchie légitime, la seule et unique
situation normale de la France, le seul
remède à ses maux.

Qu'on l'élise, et par une impulsion
irrésistible qu'il favorisera lui-même de

tout son pouvoir, la France arrivera rapidement et sans secousse à la Légitimité comme au dernier port de ses tempêtes et de ses naufrages.

C'est le nom et l'homme qui répondent le mieux aux deux natures et aux deux besoins suprêmes de la France.

Nature et besoin de Pouvoir Légitime et de Conservation Légitime ;

Nature et besoin de réhabilitation des classes infimes par le travail et le bien-être.

Oui, c'est lui qui représente le mieux la Monarchie-Socialiste dont nous parlions tout à l'heure.

La seule, la vraie Monarchie, celle qui repose d'un côté sur un pouvoir fort et incontestable qui n'a de compte à rendre à personne, et qui protége fermement tous les intérêts sacrés, comme toutes les grandes positions de classes, de lumières et de propriété.

Qui élève jusqu'à elle, d'un autre côté, tous les laborieux et les affligés du peuple, tous les pauvres souffreteux, comme ses frères et ses fils de prédilection,

Pour les soulager efficacement et noblement, pour les honorer à leurs propres yeux.

Et tout cela sans vaine et abstractive théorie de pouvoir royal, sans vague système de pondération, d'élection, de responsabilité.

Avec la pratique des choses vraies, positives, réalisables, la haine à outrance et la ruine de tout sophisme légitimiste ou démocratique.

M. de la Rochejaquelein est le mot, l'expression de cette monarchie-là.

Personne ne se sentira disposé à le contester.

# VIII.

Nous savons bien qu'on a attaqué, qu'on a calomnié.

Rien de plus facile, et rien de plus commun que les méchants.

Qu'on vienne justifier une de ces attaques, une de ces calomnies, si on l'ose.

La lâcheté, par malheur, est plus commune encore que la méchanceté.

5.

# IX

C'est que, voyez-vous, le Vendéen ne s'est jamais compromis par de honteuses transactions ; jamais il ne s'est engagé vis-à-vis d'aucun parti, d'aucune coterie, d'aucune ambition.

Il n'a jamais prêté les mains à aucun tripotage pour la chute et l'éloignement indéfini de son principe ; il n'a pas fait de son titre de légitimiste ce qu'ont fait tant d'autres.

Un blason d'orgueil d'abord, et ensuite

un moyen pour se vendre à fortes valeurs
et pour apostasier richement avec les
honneurs de la fidélité.

Il n'a pas prêté les mains à d'ineptes
ou illusoires traités de paix, qui ca-
chaient la guerre ou la duperie dans
les plis de leur protocole.

Il ne s'est pas laissé moutonnement
mener au piége, en croyant rester indé-
pendant et en prétendant rester sage.

Qu'ont fait un si grand nombre de
légitimistes?

Sauf quelques exceptions, les grands
seigneurs ont démérité de notre cause,
et nous tous gentilshommes, nous l'a-
vouons avec honte et nous cachant le
front, de leur escarcelle avare et égoïste,
il n'est pas sorti une obole pour son

triomphe. Il y a donc, et nous le déplorons, tache à l'écu de toute la noblesse française.

D'autres, que font-ils? Ils tâchent de se ménager les honneurs de la guerre, et de nous conduire à la Révolution ou à l'Élysée, qui en est l'étape.

Ils tâchent de prolonger le plus possible la situation anormale et provisoire où nous gisons, pour s'en faire un marche pied et un moyen avec leur position de légitimistes.

Ils se pourvoient à l'Assemblée, dans les conseils généraux et autres lieux.

Ils sont les dictateurs départementaux, municipaux de leur opinion.

C'est superbe!

Pour l'avenir et le triomphe du principe, c'est le moindre de leurs soucis, ou plutôt c'est leur unique crainte, car ils seraient détrônés sur l'heure.

———

Un certain nombre n'aspire qu'à la gloire des philosophes à longues barbes et se claquemure dans des théories insaisissables.

———

Il s'est trouvé des hommes qui ont inventé la *fusion*.

Un homme surtout, passionnément attaqué sous le règne de l'usurpation orléaniste, homme éminemment remarquable à tous égards et que le saint amour de la conservation avait toujours inspiré, mais que l'erreur tumultueuse des circonstances avait poussé dans de fausses voies.

Cet homme est revenu aux convictions de sa jeunesse, qu'il avait toujours adorées et regrettées dans le secret de son cœur.

Mais en croyant, par un contrat de conciliation, signé de lui presque seul, entraîner après lui un grand parti, il a été trompé par une généreuse illusion.

Le mal qu'on a fait ne se pardonne jamais, et l'offensé seul peut pardonner.

Jamais il n'apaisera des haines mortelles et des rancunes inextinguibles.

Notre candidat n'a pas, ne pouvait pas être pris à l'hameçon.

Jamais il n'a lâché un pouce de terrain; c'était son droit et son devoir.

6.

Conciliation tendre et affectueuse pour les personnes, toujours; concession pour les doctrines, jamais!

X

Depuis le commencement, on l'a vu,
nous avons plaidé la candidature nationale ; avant que son nom commençât
à briller dans nos pages, tout le monde
nommait la Rochejaquelein.

C'est une candidature parfaitement
dans nos mœurs, par les idées, le ca-
ractère, les allures de l'homme.

Ce n'est pas une candidature toute
cléricale, ce n'est pas une candidature
révolutionnaire, ce n'est pas une can-

didature de duperies et de tripotages souterrains.

Et aux autres candidats que fera-t-on?

A M. Bonaparte, une magnifique existence à Saint-Cloud, avec un parc superbe, peuplé de charmants animaux.

A M. Cavaignac, un fauteuil bien rembourré au comité de la guerre, ou un beau commandement sous le gouvernement monarchique, parce qu'on ne craint pas la trahison des loyaux républicains.

Et aux autres, ces mots dans l'histoire : — Ils furent candidats.

XI

# La candidature Joinville

Ces quelques derniers mots suffisent.

C'est un jeune homme plein de nobles et précieuses qualités, présenté et mis en avant pour des choses fausses et mauvaises :

L'égoïsme,

La jalousie,

L'ambition,

Le dédain de l'or anobli pour les classes inférieures.

Ces mauvais instincts-là ne peuvent triompher en France.

Parce qu'ils peuvent former subside et richesse; nombre point.

Intrigue et cabale; dévouement, point.

Élisons donc M. de la Rochejaquelein.

Lui seul peut nous conduire le plutôt possible et le plus directement possible à la monarchie légitime.